FACULTÉ DE DROIT DE PARIS.

THÈSE

POUR LA LICENCE.

L'acte public sur les matières ci-après sera soutenu,

le jeudi 14 mars 1844, à dix heures,

PAR J. A. FÉLIX FAURE,

Né à Grenoble (Isère).

PRÉSIDENT, **M. DEMANTE**, PROFESSEUR.

SUFFRAGANTS :
{
MM. DE PORTETS,
PELLAT,
VALETTE,
VUATRIN,
}
PROFESSEURS.
SUPPLÉANT.

Le Candidat répondra en outre aux questions qui lui seront faites
sur les autres matières de l'enseignement.

PARIS.

IMPRIMERIE DE BOURGOGNE ET MARTINET, RUE JACOB, 30.

1844.

A mon Père, à ma Mère.

DROIT ROMAIN.

De evictionibus et duplæ stipulatione.

Dig., lib. XXI, tit. II.

Juris gentium contractus emptio venditio solo consensu perficitur : in quâ promittit venditor se præstiturum emptori rem habere licere; emptor verò se pretium soluturum.

Rem autem habere non licet cùm emptor totius rei vel partis saltem evictionem patiatur; item cùm servitutibus ignotis onerata sit, quæ post venditionem solummodo emerserint; item cùm vitiis quibusdam latentibus laborat, per quæ inutilis vel deterior fiat; item cùm absint qualitates de quibus inter contrahentes convenerit.

Mihi de illâ tantùm obligatione dicendum obtigit quâ tenetur venditor evictionem præstare : quæ quidem obligatio ex hujus contractus natura defluit actioneque empti continetur. Sed et sæpius quâdam stipulatione firmatur, cui duplæ nomen inditum, et unde oritur actio ex stipulatu. Æquissimum sane venditorem, si rem vendicat, repelli, qui de evictione teneatur; quâ ex causâ rei venditæ et traditæ comparata exceptio.

I. *De evictione.*

Evictio est rei per vendicationem judicisque sententiam, jure facta ablatio.

1

Hinc manare videtur, ut venditorem emptor ex evictione convenire possit, rem venditam per judicem ablatam necessarium esse : quod tribus casibus, secundum Pomponium, fieri videtur : 1° cum res restituta est petitori; 2° cum litis æstimatione damnatus est emptor; 3° cum possessor ab emptore conventus, absolutus est. Inde quoque facile apparet emptorem agere non posse, si evictionis causæ post contractum solummodo emerserint; item cum non jure facta est evictio; item cum facto vel culpâ emptoris contigerit, quod fieri videtur quoties eam defugere potuit.

Duo nobis hìc notanda supersunt :

1° Ut emptor regressum contra venditorem habere possit, denuntiationem venditori faciendam curare debet, dummodo culpâ venditoris, vel rei difficultate, vel pacto non remissa sit denuntiatio.

2° Actionem nasci tum cum corporalis sit res, tum cum incorporalis sit, tum cum tota evincatur, tum cum solummodo pars ejus.

II. *De stipulatione duplæ.*

Ad pleniorem emptorum securitatem moris est et consuetudinis in rebus quidem quæ pretiosiores sunt, venditorem duplam quantitatem pretii, emptore interrogante, evictionis nomine, promittere; in vilioribus autem duntaxat simplum præstatur ob evictionem, per actionem empti, non etiam ex stipulatione quæ non his casibus interponitur.

Ex ædilium curulium edicto descendit stipulatio duplæ.

Hæc stipulatio tum demum committitur cum res, de cujus evictione promissum est, sive corporalis fuerit an incorporalis, sive tota an pars ejus, evincitur, non solum ipsi emptori, sed et successori cui rem non evinci interest emptoris.

Actio autem competit soli stipulatori ejusque hæredibus adversus eum qui de evictione spopondit et eos qui ejus juri successerunt.

Hìc duo notanda sunt : præter actionem ex stipulatu actionem ex empto emptori quoque competit : expedit sæpe magis hac actione agere in quâ certe venit duplam pretii, quam ex empto in quâ incerte venit id quod interest emptoris; nonnullis tamen in causis, magis est in rem emptoris agere ex empto, qua interdum si venditor sciens rem alienam vel obligatam vendendo decepit emptorem, potest et ante evictionem venditor conveniri, quam ex stipulatu cui, nisi re evicta, locus non est.

Deinde cum plures evictionis nomine duplum in solidum promiserint, unusquisque in solidum conveniri poterit; salva tamen bonæ fidei exceptione, si ab uno solidum consecutus fuerit emptor.

Extinguitur evictionis obligatio cum emptori heredive ejus, aut alteri successori cui emptor sit ipse evictione obligatus, res evinci posse desinit.

De exceptione rei venditæ et traditæ.

Dig., eodem libro, tit. III.

Non solum parit emptio actionem empti, parit etiam exceptionem quâ venditor, si rem vendicat, repellitur.

Exceptio rei venditæ datur successori, sive in univer-

sum jus, sive in eam duntaxat rem suam successerit.
Datur adhuc emptori secundo, etsi res ei non fuerit
tradita. Interest enim emptoris primi secundo rem non
evinci.

Pari ratione, non venditori tantum, sed etiam successoribus exceptio nocebit.

Veteri jure hæc locum habebat exceptio cum res
mancipi vendita traditaque fuisset a vero domino, non
præcedente mancipatione vel in jure cessione. Tunc
etenim emptor rem solummodo in bonis habebat, domi-
nium autem ex jure Quiritium apud venditorem rema-
nere videbatur; unde jure civili venditor rem vendicare
poterat, suadente autem æquitate, exceptione rei venditæ traditæque repellebatur.

Justinianeis temporibus in desuetudinem abierunt
mancipationes, et in jure cessiones, et plenum rei do-
minium traditione transmittitur; unde in his casibus
exceptioni rei traditæ locus non erit.

Hodie autem adhuc utilis est, si venditor rem alienam vendiderit tradideritque, factusque postea rei do-
minus, eam vendicare tentaverit; hoc etenim casu
emptori ejusque successoribus hæc dabitur exceptio.

DROIT FRANÇAIS.

De la vente.

Code civil, art. 1582 à 1657.

La vente a presque universellement remplacé l'é-
change, depuis que l'invention de la monnaie a donné
aux valeurs matérielles une mesure commune.

L'art. 1582 définit ce contrat : *Une convention par
laquelle l'un s'oblige à livrer une chose, et l'autre à la
payer.* Cette définition ne donne pas une idée complète
du contrat de vente. Sans doute, en droit romain, les
obligations des deux parties, bien que causes l'une de
l'autre, n'étaient pas de même nature : l'acheteur devait
en vérité transférer la propriété du prix, mais le vendeur n'était tenu que de faire avoir la chose à titre de
propriétaire.

Mais, en rapprochant de l'art. 1582 plusieurs autres
textes, il est facile de se convaincre que telle n'est pas
la nature de la vente en droit français.

Une autre innovation, plus grave encore, c'est celle
qui résulte du principe que la propriété se transmet par
le seul consentement. Il faut, bien entendu, que la
vente porte sur un corps certain. V. art. 1138.

La propriété n'est pas seulement transférée à l'égard

des parties contractantes, elle l'est encore à l'égard des tiers.

La vente est un contrat consensuel, synallagmatique, commutatif et à titre onéreux.

CHAPITRE Iᵉʳ.

On distingue dans toute vente trois éléments essentiels : la chose, le prix et le consentement.

De plus, outre les incapacités générales de contracter, il existe des incapacités particulières au contrat de vente.

§ I. — De la chose.

Toutes les choses qui sont dans le commerce peuvent être vendues (art. 1598); et, pour qu'une chose soit inaliénable, il faut qu'elle ait été retranchée du commerce par une loi naturelle ou civile.

On peut vendre non seulement les choses que l'on possède actuellement, mais encore celles que l'on peut avoir par la suite. La vente de la chose future est conditionnelle. L'aliénation d'un droit incorporel, tel qu'un usufruit, une servitude, une créance, une hérédité, une œuvre de l'intelligence est aussi permise.

La vente ayant pour but la transmission de la propriété, on n'a pu permettre l'aliénation de la chose d'autrui; aussi le législateur déclare-t-il qu'une telle vente est nulle, et peut donner lieu à des dommages-intérêts lorsque l'acheteur a ignoré que la chose fût à autrui (art. 1599). En droit romain, le vendeur ne s'obligeant qu'à faire avoir à l'acheteur la possession à titre de propriétaire, il accomplissait cette obligation par la délivrance même de la chose d'autrui, et l'acheteur ne pouvait, par cela seul qu'on ne l'avait pas rendu propriétaire, ni refuser absolument le paiement du prix, ni surtout répéter le prix payé ou conclure à des dommages-intérêts. Les rédacteurs du Code, pensant que l'acheteur n'a contracté que pour devenir propriétaire, lui accordent, lorsqu'il peut démontrer qu'on lui a vendu la chose d'autrui, le droit de demander l'annulation du contrat, avant même d'être troublé dans sa jouissance par le véritable maître de l'immeuble.

Le législateur, considérant comme vente de la chose d'autrui, celle de la succession d'une personne vivante, et déterminé par des motifs d'ordre et de morale publique, l'a placée dans une position encore plus défavorable. Elle ne peut avoir lieu, même avec le consentement du véritable propriétaire.

Une chose ne peut être vendue qu'autant qu'elle existe; la vente est donc nulle, si, au moment du contrat, la chose vendue n'existe plus. S'il en reste quelques parties, l'acquéreur a le choix de renoncer à la vente ou de réclamer la partie conservée en faisant déterminer le prix.

§ II. — *Du prix.*

Le prix doit être déterminé par les parties, soit actuellement, soit ultérieurement, au moyen d'une estimation qui devient la condition de la vente.

Le prix doit être sérieux, ou il n'y a point vente,

mais tout au plus une libéralité indirecte, si telle a été l'intention des parties.

Si le prix, bien que sérieux, n'est point en rapport avec la valeur de la chose, ou bien l'on a eu l'intention de faire un contrat à titre onéreux, et alors la loi civile, qui, dans une certaine mesure, permet aux contractants de se circonvenir, n'autorise à se plaindre que dans le cas d'une lésion énorme; ou bien l'on a voulu faire une libéralité, et alors le contrat est mélangé de donation et de vente.

§ III. — *Du consentement.*

La vente est parfaite par le seul consentement des parties. Mais comment en prouver l'existence?

Le deuxième alinéa de l'art. 1582 porte que la vente *peut être faite par acte authentique ou sous seing privé.* Il ne faut pas se méprendre sur le sens de cette disposition. Elle ne veut pas dire qu'il faille un écrit : le législateur n'a pas eu d'autre but que de faire rentrer le contrat de vente dans le droit commun, dont l'avaient distrait certains parlements, et notamment celui de Paris, en exigeant un acte notarié. Le Code a abrogé cette jurisprudence; le contrat de vente, comme tout autre contrat, peut être fait, ou verbalement, ou par acte sous seing privé, ou par acte authentique.

Au reste, la vente est susceptible de toutes les modalités des conventions en général; et son effet, dans tous les cas, est réglé par les principes généraux. Ainsi elle peut être ou pure et simple, ou conditionnelle, ou sous une alternative.

Aux risques de qui est la chose vendue? Il faut distinguer s'il s'agit d'individualités (corps certains) ou de quantités.

Si la chose vendue est une individualité ou un corps certain et déterminé, elle périt pour l'acheteur, et cela pour deux raisons : 1° Tout débiteur d'un corps certain est libéré par la perte de ce corps arrivée sans sa faute et avant qu'il fût en demeure de le délivrer (art. 1302). 2° L'acheteur devient propriétaire par le seul fait de la vente ; or, *res perit domino.* Il est bien évident que, puisque la perte est à la charge de l'acheteur, il n'a pas le droit de répéter le prix payé, et qu'il ne peut même se dispenser de le payer, s'il ne l'a pas fait avant la perte. En effet, l'obligation du vendeur est éteinte avec la chose, tandis que celle de l'acheteur subsiste encore.

Si la chose vendue est une quantité ; lorsque, par exemple, des marchandises ou denrées sont vendues au poids, au compte ou à la mesure, la vente est en quelque sorte conditionnelle : c'est le mesurage, le pesage ou le dénombrement qui indiquera et la chose vendue et le prix à payer. Les risques sont donc à la charge du vendeur jusqu'à ce qu'il ait été procédé à ces opérations, ou jusqu'à ce que l'acheteur ait été mis en demeure de prendre livraison. Car, à tous autres égards que celui des risques, la vente est parfaite ; partant, le vendeur a le droit d'actionner l'acheteur pour qu'il prenne livraison et paie le prix, aussi bien que l'acheteur a le droit de demander la délivrance et des dommages-intérêts, s'il y a lieu, dans le cas d'inexécution de l'engagement. Mais rien ne s'oppose à ce que ces

2

choses soient individualisées et deviennent corps certains ; ce qui a lieu si elles sont vendues en bloc. La perte est alors pour l'acheteur.

S'il y a à la fois promesse de vendre et promesse d'acheter, l'acte vaut vente.

Quant à la promesse unilatérale d'acheter ou de vendre, elle est obligatoire, et peut être mise forcément à exécution.

Néanmoins, les arrhes qui accompagnent l'engagement, soit unilatéral, soit synallagmatique, sont considérées comme un dédit, sans préjudice des usages et des circonstances qui peuvent restituer aux arrhes leur ancien caractère, celui de constater une transaction consommée.

§ IV. — *Qui peut acheter ou vendre.*

De même que tout le monde peut contracter, de même tout le monde peut vendre et acheter. La capacité est la règle ; l'incapacité, l'exception : cette dernière doit être formulée par la loi. Or, outre un grand nombre de cas d'incapacités spéciales à la vente, épars dans les Codes, les art. 1595, 1596, 1597, en énumèrent quelques uns.

Les avantages irrévocables entre époux pendant le mariage étant prohibés, la vente devait aussi leur être défendue. Cependant il y a exception dans trois cas ; mais ces trois cas sont plutôt des dations en paiement que des ventes. Il est vrai que la dation en paiement ressemble beaucoup à la vente ; les Romains disaient même : *Dare in solutum est vendere.* Le Code, toutefois, est resté plus rigoureux pour la vente; il la défend absolument entre époux, et ne leur permet que la dation en paiement, et encore seulement dans trois cas : non pas que par là il soit impossible d'arriver à des donations irrévocables, mais parce qu'il est plus facile d'en découvrir l'existence, la dette antérieure étant un élément d'appréciation.

Attentif à prévenir les fraudes et craignant de mettre l'intérêt personnel aux prises avec le devoir, le législateur défend à tous ceux qui ont des biens à vendre pour autrui, de s'en rendre adjudicataires, ni par eux-mêmes, ni sous le nom de personnes interposées. Les divers cas de cette prohibition sont énoncés dans l'article 1596.

Les magistrats qui forment un tribunal sont institués pour terminer les contestations des parties, et non pour en trafiquer. Le même devoir est imposé à ceux qui prêtent aux parties le secours de leur ministère. On a donc dû leur interdire de devenir cessionnaires des droits qui sont de la compétence du tribunal dans le ressort duquel ils exercent leurs fonctions. L'art. 1597 s'explique avec détails à cet égard.

Aux incapacités dont nous venons de parler, il faut joindre celles énoncées dans les art. 1554 et 1560 C. civ., 692 et 713 C. pr., 444 C. comm, 175 et 176 C. pén.

CHAPITRE II.

DES OBLIGATIONS QUI NAISSENT DE LA VENTE.

§ I. — *Obligations du vendeur.*

Comme le vendeur fait ordinairement les conditions de la vente, tout pacte obscur s'explique avec raison contre lui, puisque c'est de lui qu'il dépendait de s'expliquer clairement.

Qu'il y ait ou non translation de propriété, tout vendeur du moins s'oblige généralement à délivrer et à garantir.

SECTION Iᵉ.

DE LA DÉLIVRANCE.

Aux termes de l'art. 1604, la délivrance est le transport de la chose vendue en la puissance et la possession de l'acheteur. Cette définition convient pour un petit objet. Il est plus général de dire qu'il y a délivrance, lorsque sont levés tous les obstacles à la mise en possession, dont le mode dépend des circonstances et de la nature de la chose vendue.

La délivrance doit se faire au lieu convenu, sinon à celui où était la chose au temps de la vente.

Elle doit aussi se faire à l'époque stipulée. Si, par le fait du vendeur, elle n'est pas opérée à cette époque, l'acheteur peut, ou demander la résolution, ou poursuivre l'exécution, avec dommages-intérêts, dans l'un comme dans l'autre cas, s'il y a préjudice.

Il est cependant des cas où le vendeur n'est pas obligé de délivrer : 1° S'il a vendu sans terme, et que l'acheteur ne paie pas le prix, il peut retenir la chose à titre de gage ; il n'en est pas de même lorsqu'il a accordé un terme. 2° Si, depuis la vente avec terme, il est survenu un événement qui rende la dette exigible, tel que la faillite ou la déconfiture de l'acheteur, le vendeur a encore le droit de retenir l'objet, à moins que l'acheteur ne fournisse caution de payer au terme.

La chose doit être délivrée avec tous ses accessoires, dans l'état où elle se trouvait à l'époque de la vente, non détériorée par la faute ou même par le fait du vendeur.

Les fruits appartiennent en principe à l'acheteur du jour de la vente, mais sans préjudice des droits acquis aux tiers.

Le vendeur est tenu de délivrer la contenance déclarée, sauf les modifications suivantes :

1° Pour le cas de vente à tant la mesure, ou la contenance réelle est plus considérable que la contenance déclarée, ou elle est moindre. Est-elle moins considérable, l'acheteur peut exiger la contenance déclarée. Si c'est impossible, ou s'il ne l'exige pas, le vendeur subit une diminution proportionnelle du prix. Ainsi, d'après l'art. 1617, l'acheteur ne peut faire résoudre la vente. Cependant il nous semble qu'il le peut, en prouvant que la contenance réelle ne remplit pas le but qu'il se proposait et que le vendeur connaissait ce but. Est-elle, au contraire, plus considérable, l'acheteur a le choix, ou de donner un supplément de prix proportionnel, ou de se désister du contrat, pourvu toutefois que l'excédant de mesure soit d'un vingtième au-dessus de la contenance déclarée. N'est-il pas possible, en effet, que cet excédant dépasse ses moyens?

2° Lorsque les objets n'ont pas été vendus à tant la mesure, mais en totalité, en bloc, pour un certain prix, et avec indication de la contenance dans l'acte, pour qu'il y ait lieu ou à supplément ou à diminution du prix, il faut que la différence entre la contenance déclarée et la contenance réelle amène dans le prix une différence d'un vingtième en plus ou en moins. Si la différence est en moins, l'acheteur peut ne pas garder la chose, en faisant la preuve que son but est manqué par le défaut de contenance; si elle est en plus, il a le choix ou de la garder avec supplément proportionnel, ou de demander la résolution.

SECTION II.

DE LA GARANTIE.

L'acheteur doit avoir la possession paisible et utile de la chose vendue. De là, deux espèces de garanties dues par le vendeur à l'acheteur : 1° garantie en cas d'éviction; 2° garantie à raison des défauts de la chose vendue.

1° *Garantie en cas d'éviction.* — La garantie en cas d'éviction se divise elle-même en garantie en cas d'éviction totale, garantie en cas d'éviction partielle, et garantie à raison de servitudes non apparentes grevant l'héritage vendu.

La garantie étant de la nature de la vente, sera due par le vendeur dans tous les cas où il n'y aura pas, dans le contrat de vente, de stipulation par laquelle l'acheteur y aura renoncé.

La loi, art. 1627, a donné aussi, aux parties contractantes, le droit d'augmenter la garantie ou de la diminuer, sans la détruire complétement.

Le vendeur, alors même que l'acheteur a renoncé à la garantie, est responsable envers ce dernier de ses faits personnels. La loi frappe de nullité toute convention contraire.

Le vendeur, en faveur duquel l'acheteur a renoncé à la garantie, doit lui restituer cependant le prix de la vente en cas d'éviction, car ce prix se trouverait sans cause entre ses mains.

L'art. 1629 du Code impose au vendeur une de ces deux conditions, pour le dispenser de rendre le prix : ou que l'acheteur ait acheté à ses risques et périls, ou qu'il ait connu les dangers de l'éviction. Dans ce cas, l'acheteur est seul fautif.

Quelle est maintenant l'étendue du recours en garantie? Toute demande en garantie se compose de deux chefs : un premier chef, fixe, invariable, la restitution du prix; puis, les fruits, les dommages-intérêts, les restitutions accessoires.

Les restitutions accessoires peuvent être dues, tant par le vendeur que par l'acheteur.

Par le vendeur, lorsque la chose, au jour de l'éviction, a augmenté de valeur. Et ici on distingue : si le vendeur est de bonne foi, il ne doit que les dépenses utiles; s'il est de mauvaise foi, il doit les dépenses même voluptuaires.

Les restitutions accessoires peuvent être dues par l'acheteur, si, au moment de l'éviction, la chose est détériorée et que l'acheteur ait profité de ces détériorations.

Nous avons raisonné jusqu'à présent dans l'hypothèse d'une éviction totale. Lorsqu'il s'agit d'une éviction partielle, les règles sont différentes.

Il faut examiner si l'importance de la partie dont l'acheteur est évincé est telle, relativement au tout, que, sans cette partie, il n'eût point acheté. Dans ce cas, il peut faire résilier la vente. Mais s'il ne provoque pas la résiliation, ou si sa demande est rejetée, il faut distinguer : s'il est évincé d'une quote-part, son indemnité est proportionnelle, et il faut appliquer la règle des art. 1631, 1632; s'il est évincé d'une partie déterminée, on applique l'art. 1637, et il est remboursé d'après l'estimation à l'époque de l'éviction.

La garantie pour cause d'éviction cesse lorsque l'acquéreur s'est laissé condamner par un jugement en dernier ressort, ou dont l'appel n'est plus recevable, sans appeler son vendeur, si celui-ci prouve qu'il existait des moyens suffisants pour faire rejeter la demande (art. 1640).

2° *Garantie des défauts de la chose vendue.* — Les règles prescrites par le Code pour la garantie due par le vendeur à l'acheteur, à raison des défauts de la chose vendue, ont été modifiées par la loi de 1838, sur les vices rédhibitoires. Il y a cependant des dispositions générales qui ont encore leur application : ainsi, il faut toujours, pour qu'il y ait lieu à garantie, que l'acheteur ait ignoré les défauts de ce qui fait l'objet de la vente; autrement, si ces défauts étaient apparents, l'acheteur ne saurait imputer le tort qu'il éprouve qu'à lui-même. Les dispositions du Code permettaient à l'acheteur, ou de faire résilier la vente, ou de demander une diminution du prix : l'art. 3 de la loi de 1838 a abrogé cette disposition pour les cas prévus dans son art· 1ᵉʳ. Dans ce premier article, les vices rédhibitoires, qui peuvent donner lieu à la résiliation de la vente, sont fixés pour le cheval, l'âne et le mulet, pour l'espèce bovine et pour l'espèce ovine; faudrait-il donc induire de là que hors ce cas, il n'est pas dû garantie? Non, certes. Hors des cas prévus par la loi de 1838, et pour les animaux qui n'y sont pas désignés, on suivra les règles tracées par le Code. Les délais pour intenter l'action sont fixés à trente jours, ou à neuf jours seulement, suivant les cas.

Il faut distinguer si l'acheteur est de bonne ou de mauvaise foi : car, s'il est de mauvaise foi, outre la restitution du prix et des frais de vente, il sera passible de dommages-intérêts.

Le vendeur sera-t-il libéré par la perte de la chose vendue? Oui, si la chose a péri par cas fortuit ou force majeure; peu importe, en effet, que la chose ait été vicieuse ou non. Toutefois, si c'est la mauvaise qualité de la chose qui l'a fait périr, la perte est pour le vendeur.

La garantie n'est pas due dans la vente par autorité de justice.

§ II. — *Obligations de l'acheteur.*

La première obligation de l'acheteur est de payer le prix.

Le paiement se fait au jour et au lieu fixé par la vente, et à défaut de stipulation, au lieu et dans le temps de la délivrance.

Le prix de vente porte intérêt, si la chose produit des

3

fruits, dès le jour du contrat; et, en tout cas, à partir d'une simple sommation.

Le paiement du prix peut être suspendu toutes les fois que l'acheteur a juste sujet de craindre d'être troublé par l'exercice d'une action réelle, sauf au vendeur à faire cesser le trouble ou à donner caution.

Si l'acheteur ne paie pas le prix, le vendeur peut faire résoudre le contrat.

La résolution est prononcée de suite à l'égard des immeubles, si le vendeur est en danger de perdre la chose ou le prix; si ce danger n'existe pas, le juge peut accorder un délai plus ou moins long.

Quant aux denrées et effets mobiliers, la résolution a lieu, de plein droit et sans sommation, au profit du vendeur, après l'expiration du terme convenu pour le retirement.

De l'échange.

Code civil, art. 1702 à 1707.

L'échange a une très grande affinité avec la vente; comme elle, il se forme par le seul consentement; dans l'un comme dans l'autre, chacun ne donne sa chose que pour en recevoir une autre, qu'il considère comme la valeur de la sienne.

Mais il existe aussi quelques points de dissemblance. Dans la vente, le prix est en numéraire; dans l'échange, c'est une chose qui est donnée en retour de celle qu'on reçoit. Dans la vente, une seule chose et un seul prix, un seul vendeur et un seul acheteur; dans l'échange, deux choses, dont l'une est le prix de l'autre, et chacun des contractants est à la fois vendeur et acheteur.

De là il résulte, 1° que la rescision pour cause de lésion de plus de sept douzièmes n'a pas lieu dans l'é-
change; 2° que le copermutant évincé a le choix de se
contenter de dommages-intérêts, ou de répéter sa
chose, alternative qui n'existe pas dans la vente, l'acheteur dépossédé ne pouvant demander que son prix, qui
est de l'argent; 3° que les frais d'actes sont supportés
pour moitié par chacun des co-échangistes.

A ces exceptions près, les règles de la vente sont ap-
plicables à l'échange.

———

Code de procédure, art. 175 à 186.

L'action en garantie est ou principale ou incidente :
principale, elle est soumise aux règles ordinaires des
actions; incidente, elle a des règles particulières.

Délais et formes. — La demande incidente en garantie doit être formée dans la huitaine du jour de la demande originaire, outre un jour par trois myriamètres.
S'il y a plusieurs garants intéressés dans la même garantie, le délai n'est pas double; il se calcule selon la
distance du domicile du garant le plus éloigné. S'il y a
lieu à sous-garantie, à arrière-sous-garantie..., il faut
autant de délais qu'il y a de degrés de garants.

La demande en garantie formée, il est nécessaire de
le déclarer au demandeur originaire, pour l'obliger à
surseoir à l'instance. Cette déclaration se fait par acte
d'avoué à avoué, signifié dans les délais de l'assignation
primitive. Il suffit au défendeur de notifier qu'il a appelé
garant; la loi n'exige aucune justification actuelle de la
réalité de cet appel. Ce n'est qu'après l'expiration des

délais pour appeler garant, augmentés du délai de distance nécessaire pour le retour de l'exploit, que le demandeur est en droit d'exiger la justification, laquelle doit être faite par la présentation ou la signification de l'exploit d'ajournement.

Compétence. — La demande en garantie, demande incidente, suit la compétence de là demande principale. Le garant est donc obligé de procéder devant les juges de la demande originaire, et ce quand bien même il contesterait sa qualité de garant. — Si les deux demandes sont en état d'être jugées en même temps, le tribunal y statue par un seul jugement. Mais si de longs débats s'élèvent entre le garant et le garanti, il serait injuste d'ajourner indéfiniment la décision de la demande principale. Alors il disjoint et juge séparément ; mais il reste saisi de la demande en garantie.

Effets. — Ils sont différents suivant qu'il s'agit de garantie *formelle* ou de garantie *simple.* Celle-ci est exercée par un défendeur originaire, contre lequel on exerce une action personnelle : tel est le cas où la caution, actionnée par le créancier en paiement de la dette cautionnée, appelle en garantie le débiteur principal. La garantie formelle, au contraire, est exercée par un défendeur originaire, auquel on intente une action réelle, comme une action en revendication.

Dans le cas de garantie simple, le défendeur originaire est obligé personnellement envers le demandeur ; il ne peut par conséquent être mis hors de cause. Il peut bien, pour assurer son recours, faire intervenir son garant, mais sans que celui-ci se substitue en son lieu et place : ainsi ce garant ne peut qu'intervenir.

Dans le cas de garantie formelle, le défendeur originaire n'est pas obligé personnellement envers le demandeur ; il n'est poursuivi que comme détenteur. Le
demandeur n'a donc pas le droit de s'opposer à ce que
le garant prenne la place du défendeur, et à ce que
celui-ci soit mis hors de cause. Le garant étant le véritable intéressé, peut toujours prendre le fait et cause
du garanti. Cependant, il est possible qu'il n'en fasse
rien, le garanti ne l'exigeant pas. Mais, dans le cas
même où il est substitué au fait et cause du garanti,
ce dernier ne sort du procès qu'autant qu'il le requiert
avant tout jugement. Si, faute de cette réquisition,
qu'il peut avoir intérêt à ne pas faire, le garanti n'est
pas mis hors de cause, le demandeur a en lui un ad-
versaire de plus, unissant ses efforts à ceux du garant.

Exécution. — Le garant formel, qui, ayant pris le
fait et cause du garanti, est devenu le seul défendeur,
peut seul être condamné au délaissement de l'immeuble. Mais, comme il ne possède pas, il ne peut
exécuter ; l'exécution doit donc avoir lieu contre le
garanti qui est détenteur. Ainsi, le jugement au fond
est applicable au garanti même mis hors de cause ;
mais on ne peut lui demander ni les dépens du procès
dans lequel il n'a pas plaidé, ni les dommages-intérêts
à raison des faits de son garant. Néanmoins, s'il n'avait
pas été mis hors de cause, et que le garant fût insol-
vable, les dépens seraient à sa charge. Il serait même
passible de dommages-intérêts, si, possesseur de mauvaise foi, et ayant fait des dégradations, il était resté
en cause, sur la réquisition du demandeur.

THÈSES.

I. La vente, dans notre droit actuel, produit la translation de la propriété.

II. La transcription n'est pas exigée pour transférer la propriété de l'immeuble vendu, comme elle l'était sous la loi de brumaire.

III. Je pense que la vente de la chose d'autrui peut seulement donner lieu à une action résolutoire de la part de l'acheteur pour inexécution de l'obligation de transférer la propriété.

IV. Le co-permutant évincé a action contre les tiers détenteurs de l'immeuble par lui donné en contre-échange.

www.ingramcontent.com/pod-product-compliance
Lightning Source LLC
Chambersburg PA
CBHW032300210326
41520CB00048B/5774